MIS PRIMEROS LIBROS DE ANIMALES

LOS MURCIÉLAGOS

por Natalie Deniston

TABLA DE CONTENIDO

tadpole en español

PALABRAS A SABER

alas

aletea

cuelga

cueva

ojos

orejas

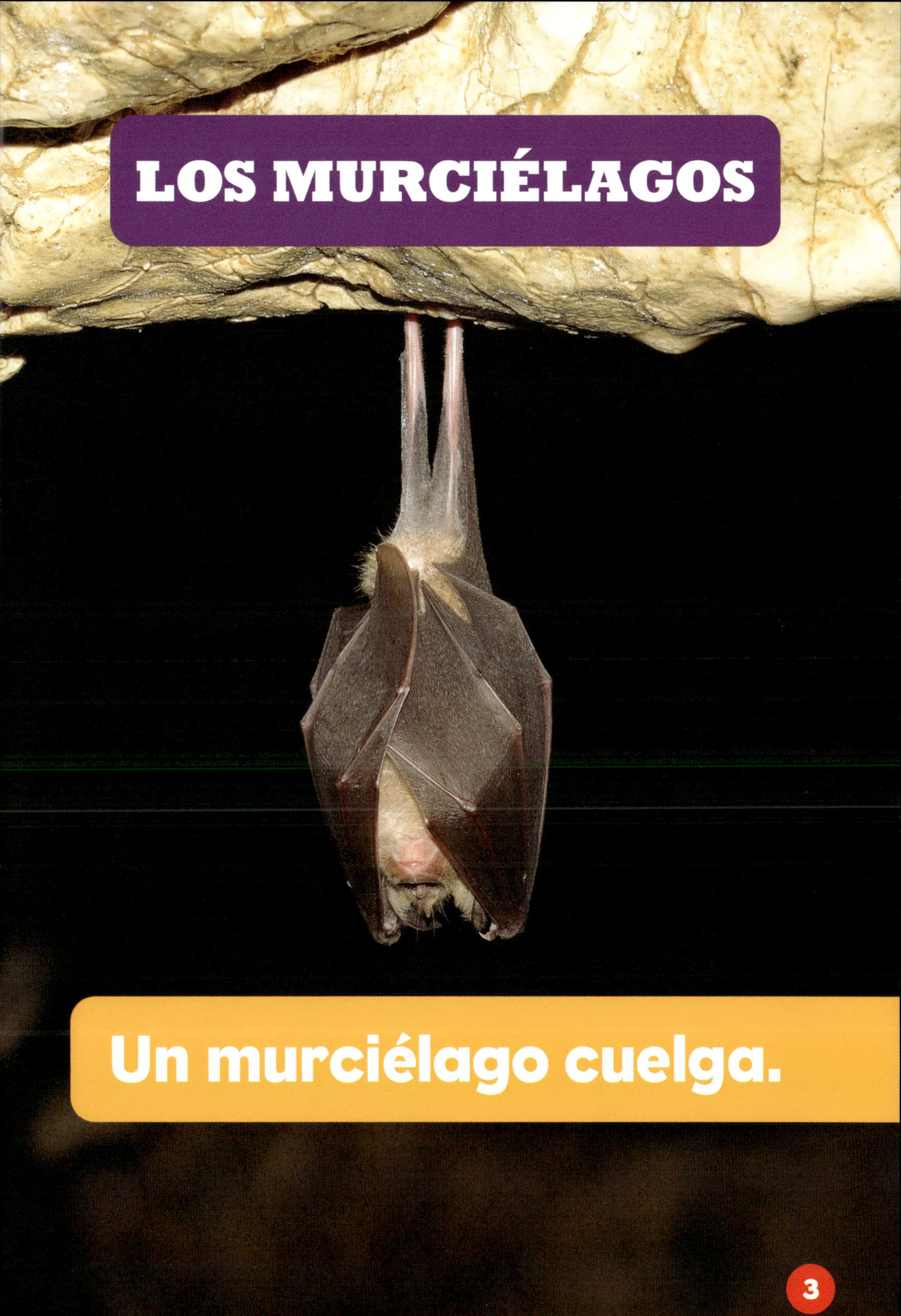

LOS MURCIÉLAGOS

Un murciélago cuelga.

cueva

Los murciélagos cuelgan en una cueva.

La noche llega.

Los murciélagos vuelan.

ala

Un murciélago aletea sus alas.

Él tiene orejas grandes.

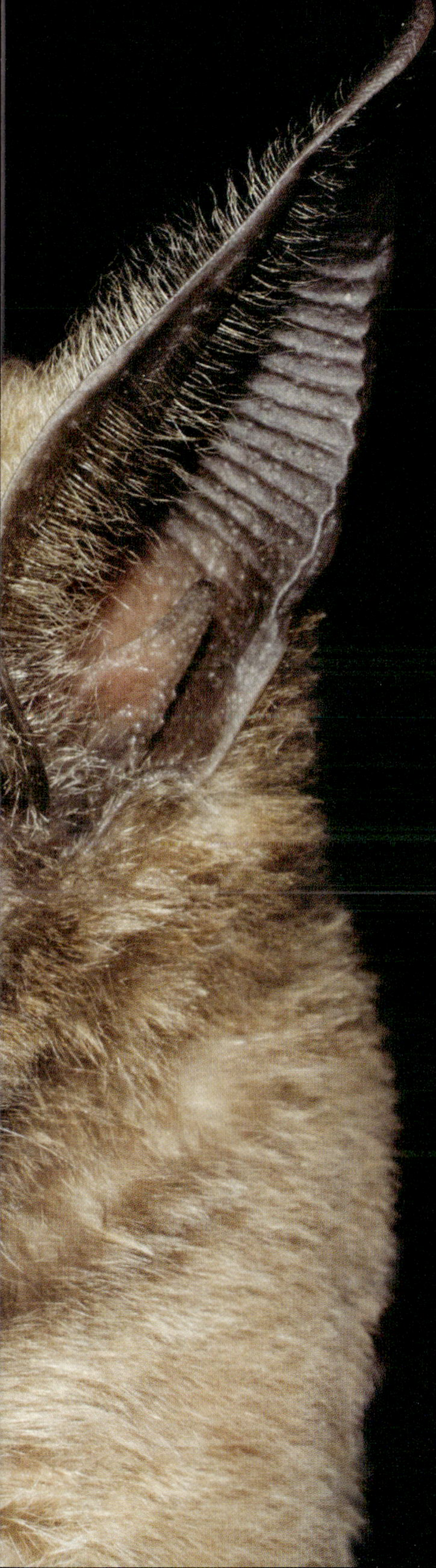

Él tiene ojos pequeños.

Él busca comida.

Come insectos.

Este murciélago come fruta.

¡Mmm!

¡REPASEMOS!

Los murciélagos tienen alas y pueden volar. Apunta hacia los otros animales abajo que pueden volar.

ÍNDICE